NOTICE

SUR

LA VIE ET LES ŒUVRES

D'ÉMILE FAIVRE

PAR

ÉMILE MICHEL

PRÉSIDENT DE L'ACADÉMIE IMPÉRIALE DE METZ

METZ

F. BLANC, IMPRIMEUR DE L'ACADÉMIE IMPÉRIALE

—

1869

NOTICE

sur

LA VIE ET LES ŒUVRES

D'ÉMILE FAIVRE

Lue, à l'Académie impériale de Metz, dans la séance du 31 janvier 1869.

Messieurs,

Quoique M. Émile Faivre ne fût point un des vôtres, j'ai voulu vous parler de lui. Il m'avait paru d'abord que l'étroite amitié qui nous unissait devait m'inspirer quelque réserve, et, la vivacité trop naturelle de mes regrets s'ajoutant à mes scrupules, j'hésitais à rendre à sa mémoire cet hommage public. Si j'essaie aujourd'hui de faire revivre pour vous la physionomie attachante et aimable d'un homme qui fut cher à tous ceux qui l'ont connu, c'est que je sais quel bienveillant intérêt vous prêtez à l'histoire et au goût des arts dans notre pays. Je n'ai donc pas besoin d'excuse pour vous raconter une vie, qui, toute modeste qu'elle fût, renferme plus d'un enseignement. J'ai pensé d'ailleurs, parce qu'Émile Faivre fût mon ami de tous les jours, que vous me pardonneriez si en rassemblant pour vous ces souvenirs, je leur conservais la simplicité et l'accent familier de l'intimité.

Je n'ai pas été témoin de l'enfance d'Émile Faivre, ni de sa première jeunesse ; aussi emprunterai-je à des renseignements sûrs les quelques détails qui vont suivre. Je citerai même, et plus d'une fois textuellement, assuré de ne pouvoir mieux faire, la courte notice qu'a bien voulu rédiger pour moi l'homme vénérable et excellent qui, après avoir assisté à ses débuts le plus jeune de ses frères, a eu la douleur de lui survivre.

Paul-Émile-Denis Faivre est né à Metz, le 1ᵉʳ mars 1821. Son père, qui devait mourir six mois après, était garde d'artillerie attaché à l'arsenal de la Citadelle. Avec seize ou dix-huit cents francs d'appointements, plus le logement qui était assez vaste, il pourvoyait aux besoins de sa nombreuse famille. A sa mort, il laissait six enfants, une fille et cinq garçons. A part l'aîné qui était déjà marié, les cinq autres restaient à la charge de la veuve, qui se trouva n'avoir d'autres ressources que le travail de ses mains.

Tous ces enfants étaient destinés à des états manuels ; l'aîné des fils devait être graveur sur métaux ; le second était ébéniste ; le troisième serrurier ; le quatrième, un peu plus favorisé, devint dessinateur de machines. Émile Faivre, le dernier, si sa mère avait eu toute liberté de suivre les inspirations de son excessive prudence, aurait été peintre en bâtiments.

En raison de la situation de la famille et de la position qu'avait occupée le père, on avait obtenu que les deux plus jeunes garçons fussent admis comme enfants de troupe dans un régiment d'artillerie, ce qui leur donnait droit à la ration de pain, à quelques sous de prêt tous les cinq jours et à l'uniforme. Ils allaient à Chambière pour les revues, afin de faire constater leur présence au corps, et de toucher leur prêt et leurs rations. Plus d'une fois, en repassant devant moi les souvenirs de son enfance, Émile Faivre m'a raconté les souffrances de ces premiers temps, alors que, sous un accoutrement d'artilleur, perdu dans une longue capote qui lui tombait sur les talons, le bonnet de police sur l'oreille, il fallait rester immobile par le froid, ou que les pieds entamés par des engelures, le pauvre petit devait suivre de son mieux le pas allongé du régiment en marche.

Cette enfance souffreteuse avait laissé dans son esprit de pénibles traces; il se plaisait pourtant, avec cette gaieté courageuse qui lui était propre, à rappeler qu'il avait connu de bonne heure les privations, la maladie, les souffrances. Il ne fallut rien moins, en effet, que les soins dévoués qui l'entouraient, et la force de vitalité qui animait ce petit corps débile, pour qu'il pût vivre.

A l'âge de sept ou huit ans, il alla demeurer à Charleville avec sa mère. C'est dans le collége de cette petite localité qu'il fit quelques années de grammaire et d'humanités. Mais il avait infiniment peu de goût pour ce genre d'études qui ne lui attirait que des réprimandes et des punitions : il en avait conservé une sorte d'horreur pour l'éducation des colléges. Les années qu'il avait passées dans le sien avaient été pour lui un nouveau temps de misères non moindres que celles qu'il avait connues au régiment. Il y avait à endurer les mauvais traitements de ses camarades parce qu'il était le parent du principal, et les professeurs, pour mieux prouver sans doute leur impartialité, traitaient le malheureux écolier avec une rigoureuse sévérité.

Les seuls plaisirs de l'enfant quand il parvenait à se soustraire à une étroite surveillance, c'étaient des promenades solitaires dans les prairies de la Meuse, ou l'école buissonnière avec quelques gamins échappés comme lui de la prison. S'il était le moins fort, il était toujours le plus adroit, le plus ardent; c'était lui qui savait le mieux diriger ses compagnons aux bons endroits, et donner aux escapades le tour le plus plaisant et le plus imprévu. Doué d'une intelligence très-vive et très-éveillée, il devait revenir plus tard, de lui-même, aux choses de l'esprit ; mais, dégoûté au début par la discipline routinière d'un petit collége de province, et par ce régime vulgaire qui ne convenait point à sa nature originale et un peu fière, il avait pris en aversion le travail de la classe. Il apprit donc peu de chose à Charleville ; et toutefois, comme il arrive souvent aux organisations privilégiées, le temps qu'il y passa, stérile en apparence, ne fut pas entièrement perdu pour son développement.

Sorti de bonne heure du collége, il entra d'abord comme employé à vingt-cinq francs chez un banquier, puis comme employé secondaire des ponts et chaussées dans les Ardennes ; mais bientôt après, son frère aîné étant en position de le recommander utilement à l'ingénieur en chef de la Moselle, M. Le Masson, il revint à Metz avec sa mère.

Émile Faivre avait alors une vingtaine d'années. Admis dans les bureaux de M. Le Masson avec de petits appointements, il put, au bout de quelques mois d'étude, passer un examen qui le classa définitivement parmi les conducteurs attachés au service du département. Neuf cents francs de traitement n'étaient pas encore une fortune, mais à la rigueur cela suffisait. Il demeurait avec son frère, et après les difficultés qu'il avait traversées si jeune, connaissant des jours meilleurs, il se trouvait parfaitement heureux pour le moment. Il se sentait instinctivement des moyens et une certaine force de volonté qui devaient, un jour ou l'autre, l'élever au-dessus de sa situation première.

Quand les nécessités du service ne l'appelaient pas sur les routes ou sur la Moselle, il avait quelques loisirs. Ce fut alors qu'il se mit à dessiner, sans se douter, bien entendu, que ses méchantes études à la mine de plomb ou au crayon noir pussent jamais lui procurer autre chose qu'un simple passe-temps. Il avait déjà quelque peu dessiné à Charleville, mais sans avoir beaucoup plus de succès de ce côté que du côté du latin et du grec : son esprit indépendant ne savait pas se plier aux méthodes lourdes et inintelligentes qui lui étaient proposées. Ses propres tâtonnements et les excitations d'un milieu favorable allaient le mieux servir.

L'influence de son frère aîné à cette époque fut décisive. Le simple et courageux dévouement à une tâche modeste, l'amour de la nature, le goût de l'art et des choses de l'esprit, la recherche de tout ce qui peut élever l'âme, Émile Faivre trouvait, sous ses yeux, tous ces exemples, et la conformité des sentiments, plus encore que la différence des âges, le rendit accessible aux bonnes inspirations que faisait naître en lui ce voisinage. Il comprit dès lors la voie qu'il devait suivre pour assurer à la fois la direction, l'indépendance et le bonheur de sa vie.

Malgré la médiocrité de sa condition et l'insuffisance de sa première éducation, il n'avait jamais eu aucune inclination basse. Vivant, en raison de son état, au milieu de gens d'un esprit généralement peu cultivé, il éprouvait un éloignement naturel pour les manières communes, pour les plates banalités, pour les sentiments grossiers. Il aimait et recherchait la distinction; non pas ce superficiel vernis que donne le frottement du monde, mais ce quelque chose d'élevé et de libéral qui naît d'une âme pénétrée de sa dignité. Il en parlait souvent et l'analyse des vrais caractères de la distinction était un de ses sujets d'entretien favoris.

Aussi, plutôt que de céder aux entraînements habituels de ses camarades, et de perdre à de frivoles délassements les heures de liberté que lui laissait sa profession, il donna à l'étude sérieuse du dessin tous les instants dont il pouvait disposer. Sa santé délicate en profita, et le travail assidu devint de bonne heure pour lui un impérieux besoin. Il pouvait recevoir de son frère, artiste lui-même, des conseils salutaires pour ses premières études. Dans la maison qu'ils habitaient en commun, il y avait des tableaux, des plâtres des modèles de tous genres. Quelques-uns de nos artistes messins y venaient de temps à autre ; et, entre tous, M. Maréchal, dont M. Benoît Faivre était l'ami, par son talent, par ses conversations brillantes et fécondes, exerçait sur l'esprit d'un jeune homme aussi heureusement doué une irrésistible séduction. Il sentait à ce contact sa véritable vocation se révéler en lui, et il redoublait d'énergie et d'efforts pour développer ses aptitudes.

C'est à ce moment que je vis pour la première fois Émile Faivre, et que je fus conduit par son neveu Octave dans le petit atelier de la rue du Four-du-Cloître qu'il occupait alors. Des études au bistre et au fusain, d'après le plâtre ou d'après les premiers cartons de M. Maréchal, quelques paysages à l'aquarelle ou à la sépia étaient accrochés aux murailles de cet obscur réduit. Des albums de poche renfermaient de nombreux croquis faits dans le pays de Bitche. Malgré ses longues courses et malgré les travaux importants qu'il y avait surveillés, le jeune conducteur des ponts et chaussées avait su trouver le temps de dessiner d'après nature quelques-uns des beaux aspects de cette contrée pittoresque, et presque vierge alors : les grands hêtres de Gœtzenbruck, les coins fourrés des forêts séculaires qui avoisinaient Bitche, les bruyères et les terrains vagues d'Haspelscheidt, ou les ruines pittoresques des vieux châteaux perdus au fond des plus sauvages solitudes. La variété de ces tentatives, l'adresse et l'ardeur laborieuse de leur auteur m'avaient vivement frappé, et quand, après trois ans de séjour à Paris, je revins à Metz pour m'y livrer enfin à l'étude de la peinture, une de mes premières visites fut pour Émile Faivre.

Dans cet intervalle, il s'était marié[1]. Ici encore il n'avait consulté que son goût : ni sa femme, ni lui n'avaient rien. Ils s'étaient connus enfants, vivant sous le même toit; plus tard, ils s'étaient retrouvés voisins. Les relations anciennes entre les deux familles n'avaient fait que se resserrer avec le temps. Aussi, lorsqu'à peine âgé de vingt-quatre ans, Émile Faivre et celle qui devait être sa compagne vinrent demander à ce frère aîné, qui avait été pour tous deux comme un tuteur, s'il trouverait bon qu'ils se mariassent, lui, qui s'était marié plus jeune qu'eux encore et sans plus de ressources, n'avait pas eu à faire de grandes objections. Bien volontiers il avait dit oui, et la noce avait eu lieu avec une simplicité dont on ne se contente pas souvent aujourd'hui, même quand on n'est pas plus riche qu'ils n'étaient.

Ils n'avaient guère que des charges pour entrer en ménage, mais ils vivaient courageusement de travail et d'économie. Ce n'était pas une vie austère. On était jeune et gai, on avait quelques amis, et, après les heures du bureau ou de l'atelier, on prenait sa part de plaisir quand l'occasion s'en présentait. A part la mort d'une petite fille, née après dix ans de mariage et qui ne vécut que dix-huit mois, aucun nuage ne devait jamais troubler cette heureuse union, où régnaient la paix, l'affection, l'estime réciproque, la fusion des goûts, des façons de voir et de sentir, où tout était mis en commun avec une entente parfaite.

A peine moins âgé que son oncle, Octave Faivre tenait une grande place dans cet intérieur de famille. Vous trouverez donc naturel que je m'arrête quelque

[1] 8 septembre 1845.

peu sur les souvenirs qu'a laissés ce regrettable jeune homme. Je voudrais pouvoir dire tout ce que je lui ai dû. Après avoir été mon camarade de classe, il était devenu mon meilleur ami, et je ne saurais penser sans émotion, même maintenant, au charme d'honnêteté de cette bonne et franche nature, à sa précoce sagesse, à la maturité de raison qui le préservait de tous les écarts et conservait entière l'ardeur dont il était animé pour tout ce qui est noble et beau. Il me sera permis du moins de parler ici de son organisation d'artiste qui s'était rapidement et sûrement développée. Les admirations d'Octave s'étaient fixées de bonne heure sur les grandes choses. La pureté du goût était chez lui comme un reflet de la pureté morale, et, bien jeune encore, dans la littérature et dans l'art, il avait compris et recherché ce qui est parfait. Les chefs-d'œuvre de l'antiquité classique, ceux de Phidias et de Raphaël, de Poussin et de Lesueur étaient l'objet de ses prédilections.

L'étude des maîtres éclairait pour lui l'étude directe de la nature, et, s'il a excellemment copié des eaux-fortes ou des tableaux de Paul Potter, des lithographies de Géricault, des bronzes de Barye, jamais dans ses dessins de figures humaines ou d'animaux, on ne pourrait démêler trace d'une imitation servile des maîtres qu'il aimait. Il profitait de leurs exemples pour s'inspirer de leurs principes, mais il ne demandait qu'à la réalité, elle-même, fidèlement observée, le secret du sentiment personnel qui peu à peu se faisait jour dans son travail. Il cherchait dans l'expression de la vie ce qui est caractéristique, et c'est par un souci toujours plus scrupuleux de la forme, qu'il voulait atteindre au style en respectant les conditions de la vérité. On n'a pas dit assez le prix des œuvres qu'il a laissées. C'est en toute liberté, et avec les meilleurs juges, que je puis louer aujourd'hui le talent si naïf, si consciencieux et déjà si accompli que révèlent toutes ces études d'animaux, ces lions, ces moutons, ces vaches, ces chevaux et ces compositions variées qu'il remaniait sans cesse et corrigeait avec une sévère et persévérante obstination.

Comme son oncle, Octave Faivre ne pouvait consacrer à l'art qu'une portion de son temps : obligé de partager sa vie, il s'était voué au professorat. En choisissant la carrière modeste qu'avait honorée son père, il continuait, avec le même dévouement et la même abnégation, les traditions dont il avait près de lui le meilleur exemple. Il s'était attaché à cette profession utile, mais ingrate; il y apportait un tel désintéressement, que, forcé d'apprendre le prix de l'argent, et connaissant mieux que personne celui du temps, puisqu'il en fallait réserver le plus possible à ses chères études de dessin, il offrit et donna souvent des leçons gratuites à des jeunes gens qui lui paraissaient dignes d'intérêt.

La communauté des aptitudes et des aspirations devait établir entre l'oncle et le neveu une étroite liaison. Leurs vies étaient pour ainsi dire mêlées. Ils employaient avec entrain toutes les heures disponibles dans le nouvel atelier de la rue Jurue où l'on s'était installé, bien modestement encore, mais un peu plus largement déjà. De bonnes séances de travail étaient prises sur le sommeil du matin ou du soir, avant et après les leçons ou les occupations du bureau. L'intimité entre l'un et l'autre allait croissant, parce qu'ils s'estimaient et s'aimaient chaque jour davantage. Ils s'étaient habitués à penser tout haut, à se juger, à se reprendre mutuellement sans aucun embarras, et, confondant librement leurs efforts, leurs espérances, leurs goûts, ils savouraient à plein cœur le contentement d'une affection réciproque et d'une jeunesse ouverte à toutes les bonnes impressions.

Quatre années se passèrent ainsi, remplies de bonheur et d'activité, pendant lesquelles Émile Faivre poursuivit sans relâche ses travaux, mais sans leur donner encore une direction spéciale. Le fusain (dont M. Maréchal venait de vulgariser l'usage parmi ses élèves) lui fournissait un instrument commode et merveilleusement approprié à l'étude, puisqu'avec la possibilité à peu près indéfinie des retouches, il comporte à la fois la précision et la largeur, et que, se prêtant à tous les tâtonnements, il permet cependant d'obtenir des résultats d'un fini extrême. Émile Faivre devint en peu de temps très-habile à le manier, et c'est au fusain qu'il dessinait d'après le modèle vivant, d'après des gravures de Michel-Ange, de Raphaël et de Poussin, ou qu'il réalisait des compositions inspirées par ses lectures ou par ses souvenirs du pays de Bitche. Doué d'une merveilleuse adresse, il s'appropriait vite les ressources des divers moyens de reproduction auxquels il s'essayait. Outre ses dessins au fusain, des paysages à la mine de plomb, des dessins ou des lavis d'architecture l'occupaient tour à tour. Il abordait aussi déjà le genre auquel il allait se consacrer plus particulièrement et, les aquarelles d'iris, de coquelicots, de lauriers-roses et de pivoines qu'il fit alors montraient déjà les qualités qu'il devait apporter plus tard dans la peinture de fleurs.

Vers cette époque, la Société de l'Union des Arts venait d'être fondée à Metz. Elle avait trouvé dans tout les membres de la famille Faivre un concours assidu. Mme Faivre envoyait à ses expositions des portraits à l'aquarelle ou en miniature. Émile et Octave y figuraient régulièrement l'un et l'autre. Deux fusains, empruntés à la parabole du Samaritain et des fleurs à l'aquarelle, fort admirées, marquaient la part du premier; et les sympathies du public et des artistes accueillaient à ses débuts Octave avec ses simples études de vaches et une composition mouvementée représentant un train d'artillerie en marche sur un chemin montant. Comme pour attester d'ailleurs les étroites relations de l'oncle et du neveu, un grand fusain dû à leur collaboration, le *Pâtre des hautes terres,* méritait les éloges des juges les plus autorisés [1]. Enfin l'aîné de la famille qui aurait pu, lui aussi, faire apprécier encore son fin talent de dessinateur et ce sentiment délicat et élégant bien connu de ceux qui ont pu voir des dessins tels que: La *Prière,* la *Maladie de l'Ouvrier,* le *Mendiant* d'André Chénier, etc., M. Benoît Faivre donnait dans le recueil qui servait d'organe à la Société, quelques pages de critique littéraire ou artistique pleines de goût et d'enseignements élevés.

Ce fut là, on le sait, une période féconde du mouvement des arts dans notre pays. La plupart des peintres qui y furent mêlés apprirent à se mieux connaître, et des amitiés durables se nouèrent alors entre eux. C'était comme une petite société dans la grande, où la simplicité et la franche camaraderie des relations étaient parfaites. Après le travail, en hiver, les soirées étaient remplies par la musique ou la lecture; ou bien on se réunissait sous prétexte de comédie pour des répétitions follement joyeuses qui souvent n'aboutissaient pas et après lesquelles on se reconduisait tour à tour sans pouvoir se quitter. Dans la belle saison, la bande, prenant rendez-vous pour un frugal repas, allait s'abattre dans les vergers de Plappeville, près des moulins de Vigneulles, ou le long de ce joli ruisseau de Châtel si charmant au printemps. Quels rires, quelles innocentes plaisanteries, quels propos sérieux ou quelles saillies à outrance animaient les réunions de ce cercle

---

[1] Voir l'*Union des Arts:* pour Émile Faivre, tome I, p. 52, 158, 519 et tome II, p. 248 et 290; — et pour Octave Faivre, tome I, p. 520 et tome II, p. 505 506.

heureux où tant de vides, hélas ! allaient bientôt se faire !

Le premier qui partit, plein de jeunesse et d'espérances, ce fut notre pauvre Octave. Profitant de ses vacances, il était venu près de moi à la campagne, et il y étudiait avec suite les animaux domestiques dans les étables et dans les champs quand il ressentit les premières atteintes de la maladie qui allait si brusquement l'emporter. Il fallut retourner à la ville pour y chercher les soins assidus d'un médecin : je ne devais plus le revoir[1].

La mort d'Octave, au lieu de nous séparer, fut comme un lien de plus entre Émile Faivre et moi. Quand, au retour d'un voyage de huit mois, je le retrouvai, il avait bien employé cet intervalle et demandé à un travail sans trêve de courageuses consolations. Il s'était mis à peindre à l'huile, et, suivant en cela les conseils de M. Maréchal, s'inspirant surtout de ses exemples, il avait commencé par l'étude de la nature morte. Il avait choisi d'abord quelques objets de ménage qui, groupés avec des fruits et des légumes, offraient à un débutant des formes simples, des harmonies franches et nettement écrites. Ces objets posaient d'ailleurs complaisamment devant lui sans s'altérer et lui permettaient de se familiariser peu à peu avec la pratique du métier. Grâce à son adresse et à l'excellence d'une méthode qui fractionne ainsi le travail, Émile Faivre eut bientôt surmonté les premières difficultés techniques, et après ce premier hiver d'apprentissage il était préparé, quand arriva le printemps, à revenir à la peinture des fleurs. Il avait appris à les

---

[1] Voir dans l'*Union des Arts* (tome II, p. 562-64) le touchant hommage que lui rendit Eug. Gandar qui fut aussi son ami et qui voulut que les lignes consacrées à sa mémoire fussent les dernières de ce recueil.

connaître dans ses premiers essais d'aquarelles ; mais il avait maintenant en vue des exigences plus hautes, plus sévères, et le but qu'il se proposait était plus complexe. Si étrangères que parussent ses études antérieures à ce qui allait devenir l'objet principal de son travail, il est certain qu'il recueillit alors le fruit de son application désintéressée à suivre dans le corps humain le dessin rigoureux de la forme, les finesses du modelé, et l'entente délicate des demi-teintes dont cette étude présente le meilleur modèle. Il pouvait se satisfaire désormais, ayant en main les ressources nouvelles d'un mode de peinture qu'il avait choisi alors qu'autour de lui les séductions du pastel étaient générales, et que tant d'œuvres exquises de M. Maréchal étaient si bien faites pour les justifier.

Le bon sens d'Émile Faivre le préserva des préoccupations excessives de recettes et de procédés dans lesquelles s'égarent trop souvent les jeunes artistes que l'isolement, et par suite l'absence d'une méthode rationnelle, livrent sans défense à ces stériles recherches.

Ce n'est pas qu'il crût que rien dût être indifférent de ce qui peut perfectionner les moyens d'expression d'un peintre, mais il demeura fidèle jusqu'au bout à la pratique simple et nette qu'il avait adoptée. Si les nécessités mêmes de sa vie ne lui permirent pas de se consacrer entièrement à son travail, s'il ne connut pas assez ces résistances d'exécution dont on ne triomphe que par de vigoureux et d'opiniâtres efforts, et s'il dut se contenter parfois d'une pratique un peu sommaire, sa peinture du moins resta toujours facile, claire, élégante, sans affectation de force, naturelle enfin. Avec le temps et le travail il perfectionna son talent ; mais ce fut en complétant par l'observation de la nature et des œuvres des maîtres ses qualités natives, et non pas en changeant brusquement de manière.

Le goût d'Émile Faivre et la netteté de son esprit lui

avaient bien vite montré les conditions et une partie des ressources du genre qu'il cultivait. Il ne manquait pas d'enseignements d'ailleurs. Sans parler de ceux que lui donnaient les fleurs elles-mêmes, M. Maréchal, dans quelques-uns de ses croquis, avait laissé des modèles à suivre, et toute une pléiade de jeunes femmes, les émules et les amies d'Émile Faivre, trouvait le succès en pratiquant, avec des talents divers, les préceptes du maitre. M. Maréchal, en effet, avec un idéal plus élevé et un sens aussi juste, avait comme rajeuni un genre dans lequel quelques hollandais : Mignon, David de Heem, Rachel Ruysch et Seeghers s'étaient fait un nom. Tout en admirant les prodiges d'adresse et de talent de ces habiles peintres, Émile Faivre ne pouvait aimer leurs tristes fleurs, dont les silhouettes découpées s'enlèvent durement sur des fonds noirâtres. Il ne goûtait guère plus les œuvres de Van Huysum [1], dans lesquelles un fini trop minutieux, l'abus de tons fondus à l'excès et l'effacement des contrastes lui faisaient regretter des effets plus accentués et une exécution plus large et plus solide. Il tâchait, pour son compte, de mieux rappeler la vie des plantes, le soleil qui les fait naître et s'épanouir, le milieu où elles vivent en liberté. Il sentit donc bientôt le charme et le besoin des études sous le ciel, en plein air, dans les jardins, au bord des eaux, là où les jeux de la lumière sont en même temps plus francs et plus délicats, et où les plantes se montrent avec leur port naturel dans toute leur beauté.

Malheureusement, occupé comme il l'était et pressé de produire, il ne put consacrer à ces études le temps et la suite qu'elles exigeaient. Il reconnaissait plus tard que ce qui lui avait manqué au début, outre la disci-

---

[1] Voir pour ce peintre et pour les maîtres nommés précédemment les excellentes monographies de M. Ch. Blanc : *Histoire des peintres de toutes les Écoles*.

pline élémentaire que donne la fréquentation d'un atelier, c'est ce long apprentissage de travaux préparatoires et désintéressés qui ne doivent pas servir pour la confection d'un tableau donné, mais qui sont des occasions d'observer, de méditer en face de la réalité, de tenter des voies nouvelles et de fouiller toujours plus profondément dans les mystères de la nature et dans les secrets du métier, sans avoir en vue un résultat immédiat. Or, presque toutes ses études lui servaient ; elles n'étaient guère entreprises que pour des tableaux projetés. Aussi, comme il arrive d'ordinaire en pareil cas, il en vint vite à trouver trop restreint le genre qu'il cultivait, et à vouloir en agrandir le domaine. Il tenta dès lors et souvent depuis, des compositions décoratives auxquelles il mêlait des figures, des animaux, de l'architecture, des fonds de paysages, et où les fleurs n'occupaient plus qu'une place secondaire. Malgré le sentiment de goût et d'élégance qu'il y apportait, celles de ses œuvres où les fleurs, les fruits ou la nature morte dominent sans partage, sont restées supérieures et ont été mieux appréciées du public. Quelque souplesse de talent qu'il y mît, on sentait qu'il n'avait pas les qualités maîtresses de coloriste ou de dessinateur qui impriment un cachet décisif à ces sortes de compositions [1]. Gardons-nous de croire d'ailleurs qu'elles n'aient pas eu pour lui leur utilité. Ses efforts pour ne pas rester un *spécialiste,* dans l'étroite acception du terme, étaient louables, et le meilleur moyen de faire excellemment une chose n'est pas toujours de se consacrer absolument et uniquement à cette chose toute seule. Les œuvres les plus réussies d'Émile Faivre n'auraient pas eu toutes les qualités qui

---

[1] Il a fait toutefois dans ce sens quelques travaux importants et estimables remarqués aux expositions de Paris ; tels sont, par exemple, les panneaux destinés à la salle à manger de M. Bixio qui l'honorait de son amitié.

les recommandent sans ces tentatives qui exigeaient de lui des études nouvelles, puisqu'elles lui présentaient des difficultés auxquelles il n'était pas préparé.

Dans la suite, quand il eut pénétré plus avant dans les secrets de son métier, il comprit la vraie richesse d'un genre qui d'abord lui avait semblé trop étroit, et, à mesure qu'il avançait, il découvrait toujours dans ses modèles plus de merveilles à admirer et à rendre. Pour qui sait voir, en effet, pour l'artiste, comme pour le savant, le brin d'herbe a sa beauté, et dans ses plus petits détails, la création nous révèle ses splendeurs aussi bien que dans ses grands spectacles. Et, comme l'art est intimement lié à la nature elle-même, les lois générales qui le régissent ne sont pas moins impérieuses dans des genres qui paraissent secondaires que dans des productions de l'ordre le plus élevé. Qu'il s'agisse d'un tableau d'histoire ou d'un tableau de fleurs, il faudra toujours que l'artiste enferme sa composition dans des contours simples et harmonieux, qu'il en équilibre les masses, en évitant la raideur, la confusion et la monotonie. Dans l'un ou l'autre cas, il devra, suivant les convenances du sujet qu'il traite, ménager son effet pour appeler l'œil, par la combinaison ingénieuse des lignes et de la lumière, sur les points essentiels de son œuvre ; assurer ici nettement les formes et les couleurs, là noyer les unes et les autres ; disposer les colorations de manière à ce qu'elles se fassent valoir mutuellement par leurs analogies ou leurs contrastes ; adopter tel parti qui donne à l'ensemble l'impression qu'il se propose de douceur ou d'éclat, de tristesse ou de gaieté ; varier à propos ses ressources et sa facture et apporter enfin jusque dans les moindres détails cette intelligence de son métier, et cette savante recherche de ses moyens d'action qui ne se dérobe à l'observateur qu'afin de pouvoir plus sûrement l'attirer et le retenir.

Tout cela n'est pas l'affaire d'un jour, et suppose une maturité qui est le fruit de l'expérience et de la réflexion. Malgré son isolement et la difficulté de nouer entr'eux des travaux forcément entrecoupés, Émile Faivre marchait sûrement dans la voie des progrès. Il s'était fait peu à peu une méthode pratique en rapport avec sa situation personnelle et son tempérament propre. Après avoir cherché ses compositions avec le fusain, et réglé l'agencement des principales masses ainsi que l'effet des ombres et des lumières, il jetait son ébauche sur la toile, attendant que les modèles fussent éclos pour terminer. Il avait appris à se servir de ces modèles, et tout en respectant le plan auquel il s'était arrêté, en subordonnant à l'unité d'aspect les éléments divers de ses tableaux, il savait puiser dans la nature cet accent de vie que seule elle inspire à ceux qui la consultent avec amour.

Chaque saison amenait ainsi pour lui, avec sa floraison, des études qui s'échelonnaient pendant tout le cours de l'année. Au printemps, les iris au tissu transparent, presque aérien, lui offraient toutes les nuances délicates ou intenses du jaune, du lilas ou du bleu ; à côté des iris dont les feuilles glauques s'enlevaient nettement sur le ciel, quelques belles pivoines blanches ou rosées laissaient paraître l'éclat de leur calice doré. Puis venaient les fleurs d'été, les pavots, les coquelicots, autour desquels il enroulait à propos la tige flexible d'un liseron, et les roses surtout, dont il se désolait de ne pouvoir reproduire la délicatesse et la grâce triomphante. Avec l'automne, arrivait un véritable embarras de richesses ; c'était pour lui la saison par excellence, et les modèles les plus variés de formes et de couleurs remplissaient son atelier. Sur les tables s'étalaient les beaux fruits de notre pays : des raisins aux grappes noirâtres et charnues ou transparentes et vermeilles, des pommes, d'un vert tendre ou d'un rouge éclatant, des coings d'un jaune vif, et des pêches rougissant sous leur duvet. Les feuillages de la vigne ou du néflier empourprés par les premières gelées contrastaient avec les folles pousses de la ronce aux reflets métalliques. Tous les vases du logis étaient mis en réquisition pour recevoir soit les roses trémières, dont la tenue, la structure ornementale, et les colorations fraîches ou puissantes attiraient souvent ses pinceaux; soit les dernières roses et ces pâles chrysanthèmes de novembre qui marquent le déclin de l'année et la fin des beaux jours. Il s'essayait à réunir parfois toutes ces richesses pour en former, dans un tableau, comme une symphonie de l'automne et un résumé de ses touchantes harmonies : un coin de ciel d'un bleu doux et voilé où flottaient quelques nuages, complétait l'impression, et le peintre arrivait par la sincérité de son talent à faire vibrer toutes ces notes dans l'ensemble, à donner leur signification à toutes ces modulations éparses.

L'hiver apportait d'autres travaux : sans parler des ébauches et des préparations qui étaient réservées pour ce moment de l'année, c'était la saison consacrée surtout aux tableaux de nature morte ou d'animaux. Si Émile Faivre avait voulu des exemples ou des guides pour ces sortes d'études, les anciens lui en auraient abondamment fourni, et il appréciait à leur valeur les œuvres de maîtres tels que Sneyders, Kalf, Weeninx et Chardin qui ont su prêter un inconcevable charme à la représentation des plus vulgaires objets. Mais il n'avait besoin que de consulter son propre goût, et il nous a laissé dans ce genre des productions accomplies : un tableau de *Héron blanc et Chevreuil* (Expos. de Paris, 1863); une grande étude de *Cygne* (Expos. de Paris, 1866), et ce délicieux petit tableau de fruits placés sur une nappe en guipure avec un fond de tapisserie ancienne, l'une de ses meilleures peintures dont une généreuse pensée promet à notre musée la future possession.

Les sombres et courtes journées d'hiver laissaient pourtant bien peu de loisirs au peintre, et, pour travailler à ses tableaux, il n'avait guère que les dimanches et de rares instants dans la semaine. Le bureau des ponts et chaussées qu'il dirigeait réclamait toutes les heures pendant lesquelles la peinture lui eût été possible. Jamais pourtant ses fonctions n'eurent à souffrir de ses goûts. Les regrets de ses chefs diraient au besoin la place qu'il tenait dans leur estime, non-seulement par son amabilité qui lui gagnait tous ceux qu'il approchait, mais par les services que son intelligence et sa capacité rendaient à son administration. Esprit net et pratique, il avait au commencement de sa carrière imaginé des méthodes abrégées pour le lever des plans sur le terrain : il avait mis partout, dans les travaux et dans la comptabilité, l'ordre, la simplification, l'exactitude ; il déblayait vite et bien la besogne, et ne se plaignait jamais d'en trop avoir. Trouvant dans sa profession même l'emploi de son talent, il reproduisit souvent, avec les paysages qui les encadrent, les travaux d'art exécutés par les ingénieurs sous lesquels il servait.

Les longues soirées étaient occupées par des études, quelquefois par des dessins sur bois exécutés pour le Magasin pittoresque d'après ses œuvres ou d'après les monuments de notre ville. Le plus souvent, il peignait à l'aquarelle des éventails: il mariait avec une délicatesse exquise les branches d'épines ou de pommiers, les primevères, les clématites, les violettes ou les bruyères, et parmi ces fleurs de choix il savait à propos semer quelques bestioles, un essaim de papillons en gaieté ou des oiseaux-mouches, parfois même des amours voletant à travers les mignonnes guirlandes. Ces éventails étaient des modèles de goût irréprochable et de fine exécution. Grâce à leur perfection, Émile Faivre avait acquis dans ce genre, qu'il considérait comme tout à fait accessoire, une réputation bien légitime. Les fournisseurs en renom de Paris se disputaient ces élégants ouvrages destinés à la plus haute clientèle, aux cours de France et de Russie. Il dut même résister à des commandes qui auraient absorbé tout son temps, si l'appât du gain eût parlé aussi haut chez lui que l'amour de son art. Mais s'il éconduisait les marchands, il ne se refusait pas le plaisir des gracieuses surprises, et les éventails qu'il fit pour les jeunes femmes ou les filles de ses amis ne sont pas les moins parfaits.

Peu à peu cependant de plus sérieux succès lui étaient venus. Il avait été accueilli, dès ses débuts, à l'Exposition universelle en 1855, par une mention honorable, et cette distinction lui avait été de nouveau accordée à la suite du salon en 1863. Un de ses tableaux, *Paon et Pigeons autour d'un bassin* (Salon de 1865, n° 775), avait été acquis par le ministère d'État. A Metz, à Toulouse (Expositions universelles de 1861 et de 1866) et à Nancy, il avait obtenu des médailles de première classe ; tous les tableaux qu'il envoyait aux expositions de province, à Lyon, à Nantes, à Strasbourg, à Lille, etc., lui étaient achetés. La ville de Metz lui avait demandé pour son musée[1] une de ses premières et de ses meilleures toiles: une treille avec des fruits d'automne posés sur une table, et au second plan des touffes de roses trémières. La plupart des amateurs de notre contrée et de notre ville possédaient de ses œuvres, et il avait fait dans plusieurs habitations des décorations de salle à manger ou de salon. Cherchant toujours des combinaisons nouvelles, il encadrait dans des meubles qu'il dessinait lui-même

[1] 25 août 1855.

et dont il dirigeait l'exécution des peintures habilement appropriées à leur destination.

Grâce au travail incessant, grâce à l'ordre et à l'économie, l'aisance était entrée dans ce petit ménage, où chacun apportait même ardeur à l'étude, même modération dans les goûts. Une vie plus large ayant succédé à la gêne des premières années, on s'était choisi une installation spacieuse qui avait permis de réunir les ménages des deux frères. Autour d'eux, ceux-ci avaient su grouper un cercle d'amis, qu'ils recevaient plus spécialement le jeudi de chaque semaine.

Point de luxe dans ces modestes réunions, mais la plus franche cordialité : rien de banal non plus, rien qui ressemblât aux commérages de ces salons à la mode où les maîtres de la maison croient avoir assez fait pour leurs hôtes quand ils ont approvisionné le buffet et distribué autour d'eux quelques paroles distraites dans lesquelles on sent la préoccupation affairée de l'amour-propre autant que la fatigue de l'amabilité. Chez *les Faivre*, il ne venait que des amis. Émile était heureux de se voir ainsi entouré. Il avait pensé d'avance à ses hôtes de la soirée ; il s'était inquiété de leur procurer quelque distraction élevée, et de faire chez lui une place à sa chère musique. Les sonates des vieux maîtres, parfois même des trios ou des quatuors alternaient avec une lecture, ou une conversation enjouée.

Pour lui, il oubliait volontiers chez qui il était, tout entier au plaisir d'une intimité choisie ; et, comme à côté de lui, chacun se sentait à l'aise, les heures s'écoulaient pleines de charme et d'abandon.

Tels étaient ses délassements après son travail. Quelquefois aussi il consacrait une dizaine de jours à bien voir à Paris l'exposition de peinture. Son attention au Salon se portait particulièrement sur les peintres qui cultivaient le même genre que lui : il guettait les noms nouveaux, mais il conservait pour le talent de

Ph. Rousseau une admiration sans réserve ; en revanche celui de Saint-Jean l'attirait moins, parce qu'il y sentait trop l'effort et une certaine froideur dans la composition comme dans l'exécution. Il recherchait les peintres, s'entretenait avec eux, les consultait sur leur pratique, sur leurs études, ne négligeant aucune occasion de s'instruire et accumulant dans ces courts séjours de nombreuses observations sur lesquelles il réfléchissait au retour. Mais comme il ne savait pas rester inactif, il se lassait vite s'il ne pouvait mêler le travail à sa curiosité et rapporter quelque copie du Louvre ou du Luxembourg, ou quelques études d'animaux faites au jardin d'acclimatation.

Avait-il un plus long congé, il le consacrait à une excursion en Belgique ou en Hollande, heureux de ce qu'il y voyait de nouveau comme de ce qui lui rappelait son pays ; content de tout, c'était le meilleur compagnon de route qui se pût rencontrer. Il s'arrangeait pour faire deux parts de son temps, redoutant la satiété artistique et ce dégoût qui prend même les plus curieux lorsqu'ils ne font que se promener de musées en musées. A Amsterdam, où il allait de préférence et où l'attirait un parent justement considéré, il s'installait dès son arrivée avec sa femme dans une galerie, il y passait chaque jour des heures bien remplies et revenait à Metz avec la copie de beaux portraits d'après Rubens, Van Dyck ou Rembrandt. C'est pendant les instants qu'il accordait au repos qu'il regardait en détail les tableaux de la galerie. Il avait acquis ainsi, avec le temps et à la suite des trois ou quatre séjours qu'il fit en Belgique et en Hollande, une connaissance approfondie des maîtres de ces deux pays. Des promenades sur les plages mélancoliques de Scheveningue ou dans le bois de la Haye ; la vue de ces dunes confuses où les grandes herbes frissonnent sous le vent de la mer ; la monotonie poétique des polders remplis de bétail, et coupés par des canaux qui reflètent un ciel gris et pâle, tous les divers aspects de ce curieux pays lui faisaient mieux comprendre le génie d'un Paul Potter, d'un Cuyp ou d'un Ruysdaël. Émile Faivre jouissait de ces plaisirs d'élite, les moins coûteux de tous, et il avait coutume de dire qu'au lieu de passer sa vie, comme certaines gens, à envier la richesse ou à la dénigrer, il faudrait plutôt plaindre ceux qui en sont affligés, en voyant l'usage qu'ils en font souvent et les soucis dont ils gâtent leur existence. Il trouvait malheureux quiconque ne connaît pas cet assaisonnement que la privation donne aux plus minces contentements.

Pour son compte, c'est au travail qu'il demanda toujours ses meilleures satisfactions, celles dont il ne se lassait jamais. Il lui fallait une activité infatigable pour mener à bien tant de tâches. Quoique sa santé exigeât beaucoup de ménagements, il trouvait du temps pour tout. Nul n'en a plus donné à ses amis, soit qu'il s'agit de les obliger, soit qu'il s'oubliât près d'eux dans d'affectueux entretiens. Il s'était créé parmi les artistes comme parmi ses compagnons de bureau des amitiés sûres; son dévouement et sa franchise les lui conservaient. Vivant près de lui dans une étroite intimité, j'étais loin de connaître tous les services qu'il rendait, tout le bien qu'il faisait et j'ai appris depuis sa mort plus d'une chose à son honneur. Je sais deux familles abandonnées de tous, qui semblaient condamnées à une irrémédiable détresse, et dont il a été pendant de longues années le guide assidu et le conseil. Sa charité était si ingénieuse, si persévérante, qu'il a pu, par un mélange de douceur et de fermeté discrète, relever ces pauvres gens, et les tirer pour toujours de la misère. Il faisait tout cela simplement, gaiement, comme par une pente naturelle de sa bonne et droite nature. Chez lui jamais de pose, ni de parade, et une telle horreur des grandes phrases et de l'étalage des beaux sentiments, qu'il pouvait paraître léger à ceux qui ne le connaissaient pas, tant ses saillies étaient vives, tant ses petites malices étaient promptes. Du reste, facile à vivre, jeune et gai d'humeur, absolument incapable d'un trait méchant, il se montrait encore plus empressé de rendre justice au mérite que de percer à jour un travers ou de signaler un ridicule. Il était très-capable d'admiration, et très-heureux toutes les fois qu'il trouvait les hommes mieux qu'il n'avait espéré. Il réformait alors volontiers ses jugements, et il y avait des personnes dont il faisait un cas infini après être facilement revenu des préventions qu'il avait eues contre elles.

J'ai dit comment sa vie était occupée par les exigences de sa profession. Les premières et les dernières heures de la journée dans la bonne saison étaient seules réservées pour la peinture. Quand Émile Faivre se rendait à son bureau, il avait déjà fait une séance d'étude matinale dans quelque jardin de la ville ou chez quelque mésoyer du voisinage. Il s'intéressait à l'industrie de ces courageux travailleurs, et on peut voir la marque de son judicieux esprit dans le petit article sur les cultures maraîchères du pays Messin qu'il écrivit lui-même pour accompagner la reproduction d'une de ses peintures publiée dans le Magasin pittoresque [1]. Aussi il était connu et aimé dans la banlieue de notre ville, où chacun lui offrait à l'envi des modèles de fleurs ou de fruits.

Il avait pris un goût croissant pour les études en plein air, plus animées, plus entraînantes que celles de l'atelier. Comme il était d'ailleurs désireux d'étendre son talent et de le renouveler en quelque sorte par un effort plus décisif, il aborda dans ces deux dernières années la peinture des animaux et du paysage, en

---

[1] Année 1865, pag. 315.

même temps qu'il préparait plusieurs tableaux d'intérieur : *des Jeunes Filles peignant, une Ancienne Cuisine de Metz, un Armurier à son Établi*, etc. Après quelques ennuis et de légers mécomptes, qu'il s'était exagérés, et qui avaient péniblement affecté sa nature fière et délicate, il avait remis sur chantier des tableaux de fleurs, de fruits et de nature morte, et repris tout son entrain. Jamais il n'avait été plus assidu au travail, lorsque, dans l'automne de 1867, sa santé fut ébranlée. Ce furent d'abord de vives souffrances, assez espacées, mais qui lui inspirèrent, sans qu'il nous le dît, une certaine inquiétude sur sa situation. Ayant besoin de repos, il avait projeté d'employer son congé à faire des copies au musée de Dresde. Il était prêt à partir quand une défiance instinctive de ses forces le prit, et ne croyant pas prudent de s'aventurer ainsi au cœur de l'Allemagne, il renonça à Dresde et se décida pour Bruxelles qui était plus proche. Là il goûta encore le contentement d'un séjour consacré à l'étude, et fit, en collaboration avec Mme Faivre, une excellente copie d'un portrait de Rembrandt; puis à Anvers une esquisse de la Sainte-Famille de Rubens.

Les travaux de canalisation de la Moselle lui apportèrent dès son retour un surcroît de besogne : sa peinture n'en souffrit pas. Il suffisait à tout, et s'occupait dans le même moment des intérêts du quatuor Maurin, que le premier il avait attiré à Metz, et pour lequel il s'employait avec le zèle le plus dévoué non-seulement dans notre ville, mais par ses relations jusqu'à Nancy et à Sedan. Il avait pour ces excellents artistes une véritable affection, heureux de trouver chez eux un caractère au niveau de leur talent. Comme cette fois ils nous revenaient avec une pianiste éminente [1], femme distinguée autant qu'interprète supérieure des plus hautes

---

[1] Mme Tardieu de Malleville.

productions des maîtres, Émile Faivre s'inquiéta avec plus d'ardeur encore de l'organisation de leurs concerts.

Les jouissances musicales qu'il y eut furent son dernier plaisir. Quelque temps auparavant, à la suite d'une longue journée de froid et de fatigue passée, pour son service, au bord de la Moselle, il avait été saisi d'un malaise subit. Il croyait en avoir triomphé, quand au lendemain même du second concert la fièvre le reprit, sans toutefois que son état laissât présager d'abord aucun danger. Plus clairvoyant que nous, il se sentit menacé, et avec un ferme et simple courage il se rendit compte de sa position. C'est en toute sincérité que nous cherchions à le détromper, à écarter de lui les sérieuses appréhensions que nous ne partagions pas encore : « Je suis fixé, nous dit-il, et avant que ma raison et ma volonté ne m'échappent, je tiens à causer avec vous. » Il nous appela alors successivement auprès de lui pour nous faire les plus touchantes, les plus délicates recommandations. Il voulut se préparer à une mort chrétienne, et il le fit avec une sérénité et une énergie dont les plus fortes natures ne sont pas toujours capables, s'entretenant avec son frère de la vie future et de ses espérances éternelles, se rappelant tous les chers absents qu'il allait retrouver, parlant de son art, se préoccupant de ceux qu'il laissait, les confiant l'un à l'autre, avec un sourire mêlé de larmes, et nous remplissant jusqu'au bout d'admiration presque autant que de douleur.

Il ne s'était pas trompé, quoique la mort ne fût pas toute prochaine, les souffrances étant devenues trop vives, il ne devait plus recouvrer la pleine possession de lui-même. Il mourut deux jours après les adieux qu'il nous avait faits, le mercredi 29 janvier 1868 ; il allait avoir quarante-sept ans.

Une foule émue et nombreuse, où toutes les conditions de la société étaient représentées, lui rendit les derniers devoirs. Je ne parlerai pas de la peine de ses amis, ni de ces douleurs plus profondes qui ne peuvent être consolées ici-bas, parce qu'elles savent tout ce qui leur a été ravi: mais les regrets qu'il a laissés parmi ses camarades de bureau, parmi les artistes de Metz et parmi tous ceux qui ont pu le connaître ne sont que trop légitimes. Il était aimé de tous, et il était digne de l'être parce qu'il était bon, obligeant et aimable. Il honorait son art par sa modestie et la dignité de sa vie, et il avait à cœur en toute occasion de travailler au développement du goût public dans notre contrée. Sans que son nom parût, il a été activement mêlé à l'organisation de l'Exposition universelle de Metz en 1861 et à la reconstitution de la Société des amis des arts. Il était attaché à sa ville natale, et ne s'y préoccupait pas seulement de la cause des arts, mais il était soucieux de tous ses intérêts et de ses destinées dans la grande patrie. Homme de son temps et de son pays, aussi profondément libéral que sincèrement religieux, il pensait avec un des plus nobles esprits de notre siècle que le monde marche irrésistiblement vers la démocratie et la liberté. Il croyait, comme M. de Tocqueville, que ce régime est plein de périls, mais que ni la contrainte, ni la défiance n'en sauraient retarder l'avénement. Il aurait donc voulu qu'une éducation plus virile et une connaissance plus exacte des vrais besoins de notre époque nous préparassent mieux à ce difficile honneur. C'est dire qu'il était dévoué à tous les progrès, au développement de l'instruction populaire, à l'amélioration de nos mœurs publiques. Comme il voyait dans la morale de l'Évangile le plus parfait modèle des vertus sans lesquelles ne peuvent subsister les sociétés libres, il ne séparait point son libéralisme de sa foi. Loin de trouver dans les choses les contradictions que des esprits légers mettent trop souvent dans les mots, il demeurait convaincu que tous les perfectionnements sérieux auxquels doit prétendre l'humanité, correspondraient à une pratique plus large et plus intime des principes chrétiens. Il professait d'ailleurs le respect pour toutes les convictions désintéressées ; il l'exigeait pour les siennes. C'est ainsi qu'il est resté, jusque dans la mort, fidèle à ses plus chères croyances.

Il m'a été triste et doux, Messieurs, de réunir pour vous ces souvenirs d'un ami. J'ose dire, en vous les offrant, que ce n'est pas l'amitié seule qui m'a guidé. La mémoire d'Émile Faivre méritait de durer parmi vous. C'est quelque chose qu'une *vie bien faite,* quand elle a son unité dans le devoir, dans la recherche de tout ce qui est bon et beau, honnête et généreux. La vie d'Émile Faivre nous laisse cet enseignement. Parti d'un bien humble commencement, il a toujours été en s'élevant, en s'efforçant de s'améliorer. Son exemple pourrait être utilement proposé à tant de jeunes hommes qui, à l'entrée d'une carrière quelconque y trouveraient plus d'une salutaire leçon ; car cette existence trop courte, mais déjà si remplie, est bien faite pour montrer à tous ce que peut l'éducation personnelle, cette culture de soi-même qui est pour chacun de nous l'œuvre par excellence.

25 novembre 1868.

RENSEIGNEMENTS.

J'avais pensé donner avec cette notice un catalogue des œuvres d'Émile Faivre, mais j'ai été arrêté par la difficulté de suivre la trace de celles de ces œuvres qui ont été placées dans des localités éloignées et acquises souvent par des sociétés artistiques de province, pour faire partie des loteries qu'elles organisent.

Les tableaux d'Émile Faivre sont généralement signés et datés. Parmi ses travaux de décoration, il convient de citer les panneaux de la salle à manger de M. Bixio, à Paris, et ceux des salons : de M. de Bouteiller, à Metz et à Plappeville ; de Mlle Guy, à Tignomont ; de M. Th. de Gargan et de M. Ch. Abel, à Metz. Mme de Wendel, au château de Coin-lès-Cuvry ; Mme Eug. Gandar, à Paris ; M. Bour, à Amsterdam ; M. L. du Verdier et M. Émile Michel, à Metz, possèdent des bahuts de salle à manger ornés également de peintures d'Émile Faivre.

A défaut d'un catalogue complet, j'ai cru bon du moins de publier ici la liste exacte et par ordre de date des tableaux exposés par Émile Faivre, à Paris et à Metz, et celle des gravures sur bois, exécutées d'après ses dessins, qui ont paru dans le Magasin pittoresque.

Expositions de Paris.

Années.	N^{os}.	
1855.	3049.	Fleurs et fruits d'automne.
	3050.	Roses trémières.
	3051.	Pavots et coquelicots.
		(Mention honorable à la suite du Salon.)
1857.	919.	Lauriers-roses et pavots. (Vue prise dans un parc.)
	920.	Un terme orné de roses et de pampres.

Années.	Nos.	
	921.	Roses trémières.
	922.	Fruits d'automne.
1859.	1023.	Entrée de jardin ; paon et roses trémières. } Pannea décorati
	1024.	Puits maraîcher ; chevreau broutant une vigne.
	1025.	Chrysanthème dans un vase.
1861.	1049.	Jeune fille cueillant des fleurs. } Pannea décorati
	1050.	Chevreuil apprivoisé broutant des fleurs.
	1051.	Combat d'un héron et d'un milan.
1863.	661.	Fleurs et fruits.
	662.	Héron blanc et chevreuil.
		(Mention honorable à la suite du Sa
1864.	670.	Nature morte. (Ganga hétéroclite, héron b renard et canard sauvage.)
1865.	774.	Maraîchère du pays Messin. (Panneau décor
	775.	Paon et pigeons autour d'un bassin. (Id.)
		(Acquis par le ministère d'É
1866.	678.	Fruits et légumes. (Panneau de salle à man
	679.	Cygne mort.

Expositions de Metz.

1850.	21.	Pastorale. (Fusain.)
	22.	Blaise Pascal. (Id.)
	23.	Iris. (Aquarelle.)
	24.	Pivoines. (Id.)
1852.	41.	(1850) Pâtre des Hautes-Terres. (Fusain.)
	42.	(Id.) Iris bleus. (Aquarelle.)
		(Appartenant à M. Gand
	43.	(Id.) Pavots. (Aquarelle.)
	44.	(Id.) Laurier-rose. (Id.)
		(Appartenant à M. Auguste Rolla
	45.	(Id.) Coquelicots. (Aquarelle.)
		(Acquis par la Société de l'Union des A
	46.	(1851) Le bon Samaritain. (Fusain.)
	47.	(1852) Iris variés. (Aquarelle.)
		(Appartenant à M. Lejoind

Années.	Nos.	
	48.	(1852) Pivoines. (Aquarelle.)
		(Acquis par la Société.)
1856.	21.	Laurier-rose. (Peinture à l'huile.)
	22.	Roses trémières. (Id.)
	23.	La Treille. (Au musée de la ville de Metz.)
	24.	Iris et pivoines. (A M. le conseiller Huot.)
	25.	Cocardeaux. (Aquarelle.)
	26.	Pavots. (Id.)
1858.	53.	Un terme orné de roses et de vignes.
	54.	Pêches et raisins. (A Mlle H.)
	55.	Raisins et coings. (A M. M.)
	56.	Chrysanthèmes. ⎫ Dessus de porte faisant
	57.	Géraniums et primevères ⎬ partie de la décoration
	58.	Camélias et roses de Noël ⎭ du salon de M. de G.
1861.	329.	Vase de chrysanthèmes.
	330.	Vase de pivoines et Iris.
	331.	Chien et chouette blessée.
	332.	Renard enlevant un canard. (Dessus de porte.)
	333.	Perdrix rouges.
	334.	Pavots.
	335.	Roses trémières.
	336.	Le colombier.
	337.	Pêches et raisins.
	338.	Fraises.
	339.	Les petits écuyers. (Aquarelle sur vélin pour éventail.)
	339 bis.	Pavots d'Orient.
	340.	Jeune fille cueillant des fruits. (Panneau décoratif.)
	341.	Chevreuil apprivoisé broutant des fleurs. (Id.)
	342.	Combat entre un milan et un héron.
1865.	50.	Gibier sur une table. (Panneau faisant partie de la décoration d'une salle à manger.)
		(Appartenant à Mlle G.)
	51.	Cygne mort.
	52.	Pavots sur pied et roses coupées.
	53.	Pêches et raisins sur l'herbe.
	54.	Abricots et prunes à la branche.
	55.	Fraises et framboises sur une feuille de chou.

Années.	N^{es}.	
	56.	Fruits sur table. (Appartient à M. Huot fils.)
	57.	Roses. (Appartient à M. Ém. Michel.)
	58.	Couple de chevreuils au bois. (A Mlle S.)
1867.	61.	Le renard et le buste.
	62.	La colombe et la fourmi.
	63.	Fruits sur table.
	64.	Jeune fille peignant des fleurs.
	65.	La dînette interrompue.
	177.	Chèvres. (Étude d'après nature.)

Dessins publiés dans le Magasin pittoresque.

Années.	Pages.	
1859.	321.	Pigeons au colombier.
		(L'article qui accompagne ce dessin est de M. B. Faivre.)
1861.	313.	Jeune fille cueillant des fruits.
1862.	200.	Chien et chouette blessée.
	265.	La porte des Allemands.
1863.	53.	Le duc de Guise à l'hôtel de ville de Metz.
		(D'après un vitrail de M. Maréchal.)
	133.	Un intérieur de la cathédrale de Metz.
	313.	Puits maraîcher. (Salon de 1865.)
		(L'article sur la Culture maraîchère dans le pays Messin est d'Émile Faivre.)

www.ingramcontent.com/pod-product-compliance
Lightning Source LLC
Chambersburg PA
CBHW060515050426
42451CB00009B/991